Quarto de Guerra

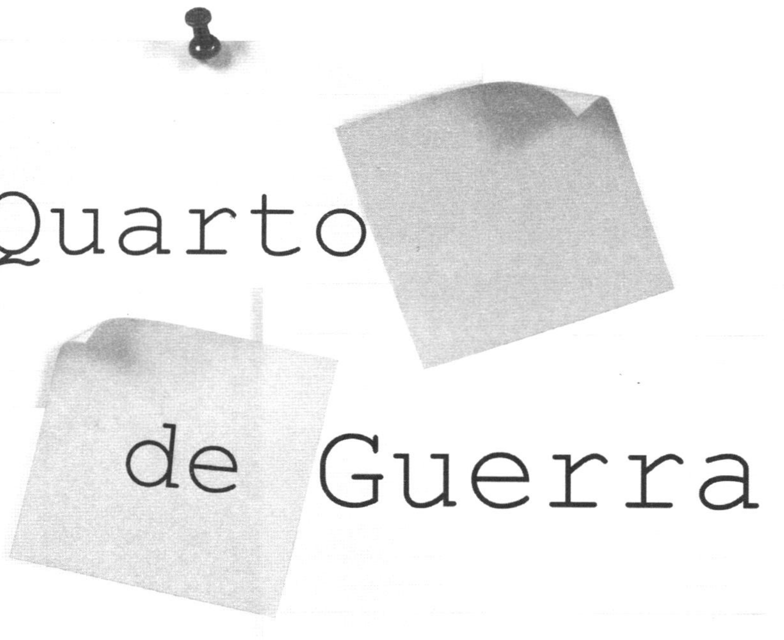

Vencendo os Desafios da Vida com Oração

Direção Geral
Adriel Ribeiro Penkal

Coordenador Editorial
Cristiano Braz Jorgini
Giovanna Felipe

Edição
Isabelle Alves
Kennedy Carvalho

Revisão
João Esteves
Monique Vieira

Projeto Gráfico
Hendrick Ventura

Diagramação
Hendrick Ventura
Karim Kusunoki

Capa
Hendrick Ventura

ISBN: 978-65-277-0081-4

R. Antônio Sabino, 203 - Parque Industrial - Ibiporã - PR
www.livrariasfamiliacrista.com.br

Quarto de Guerra

Vencendo os Desafios da Vida com Oração

Sumário

No devocional "Quarto de Guerra: Vencendo os Desafios da Vida com Oração", você é convidado a entrar no campo de batalha espiritual e descobrir a força transformadora da oração. Inspirado na poderosa narrativa do filme "Quarto de Guerra", este devocional de 40 dias oferece táticas espirituais práticas para superar as lutas diárias e alcançar a vitória em todas as áreas da sua vida.

Cada meditação diária foi cuidadosamente elaborada para guiá-lo através das principais batalhas que enfrentamos – sejam elas familiares, emocionais, espirituais ou relacionais – e mostrar como a oração pode ser sua arma mais eficaz. Com base em temas como a importância do quarto de oração, o poder da intercessão, a vitória sobre a tentação, e a restauração de relacionamentos, este devocional fornece estratégias espirituais que ajudarão você a resistir ao inimigo, fortalecer sua fé e experimentar milagres em sua jornada.

Além disso, o devocional aborda como a oração pode transformar sua vida interior, trazendo cura, paz e clareza espiritual. Através de exemplos práticos e orações poderosas, você aprenderá a construir um plano de oração personalizado, a persistir nas orações em meio às provações, e a interceder pelas gerações futuras.

"Quarto de Guerra: Vencendo os Desafios da Vida com Oração" não é apenas um guia de oração, mas um chamado para transformar seu lugar secreto em um verdadeiro campo de batalha, onde cada oração se torna uma tática espiritual para superar as lutas da vida. Ao final desses 40 dias, você estará mais equipado para enfrentar qualquer desafio, confiando que a vitória está nas mãos de Deus.

Dia 01

A importância de um quarto de oração.

Versículo

Mateus 6:6: "Mas quando você orar, vá para seu quarto, feche a porta e ore a seu Pai, que está no secreto. Então seu Pai, que vê no secreto, o recompensará."

O "quarto de oração" não é apenas um local físico; é um lugar onde nos conectamos de forma profunda com Deus, deixando de lado as distrações do mundo para nos concentrarmos totalmente na Sua presença. Jesus nos ensinou a procurar esse local secreto, onde podemos nos abrir para Deus sem temer interrupções ou julgamentos. É nesse local de paz que podemos escutar a voz suave de Deus e entender Suas orientações.

Ter um local dedicado à oração é fundamental para o enriquecimento de nossa espiritualidade. Da mesma forma que um guerreiro necessita de um local de treinamento, o seguidor de Cristo precisa de um espaço para se preparar espiritualmente para os desafios da vida. No cômodo de oração, somos preparados por Deus para encarar os desafios cotidianos com coragem e fé.

A relevância de um espaço dedicado à oração ultrapassa simplesmente o ato ritualístico; trata-se de estabelecer um local propício para o crescimento de nossa ligação com Deus. Este local se transforma em um lugar sagrado, onde compartilhamos nossas preocupações, adoramos a Deus e fazemos orações pelos demais. Nós vencemos nossas batalhas espirituais e renovamos nossa fé ali.

Pense no "quarto de oração" como um esconderijo íntimo, onde não é permitido o acesso ao caos do mundo. Neste local, você pode encontrar tranquilidade, energia e orientação provenientes do Pai celestial. Valorize e dedique-se a ter este espaço em sua vida, tornando-o o centro de sua jornada espiritual.

Dia 02

O poder da intercessão

Versículo

Tiago 5:16: "Confessem os seus pecados uns aos outros e orem uns pelos outros para serem curados. A oração de um justo é poderosa e eficaz."

A intercessão é uma das manifestações mais fortes de carinho e crença que podemos dar aos outros. Quando intercedemos em oração por alguém, estamos mostrando a Deus nossa preocupação e confiança em Seu poder para agir na vida daquela pessoa. A intercessão nos liga diretamente ao coração de Deus e nos possibilita ser parte ativa da obra que Ele está fazendo no mundo.

Tiago nos faz lembrar que a oração feita por uma pessoa justa tem grande poder e eficácia. Isso indica que nossas petições não são em vão; elas tocam o coração de Deus e podem resultar em cura, renovação e mudança. Quando intercedemos em oração pelos outros, estamos engajados em uma guerra espiritual, combatendo as influências malignas em prol dos nossos entes queridos.

Interceder em favor de outras pessoas é igualmente um gesto de humildade. Reconhecemos que não podemos alterar a situação por nossa própria conta, mas temos consciência de que Deus é capaz. Exercitamos nossa fé, acreditando que Ele agirá de acordo com o que é melhor. A prática da intercessão nos conecta com a comunidade de cristãos, mostrando-nos como compartilhar as preocupações uns dos outros por meio da oração.

Considere a intercessão como uma ponte que você constrói entre Deus e aqueles por quem você ora. Essa ponte permite que a graça, a cura e o poder de Deus fluam livremente, alcançando aqueles que estão necessitados. Que você se torne um construtor leal dessas pontes, reconhecendo que cada oração intercessora causa um impacto eterno.

Dia 03

Identificando as batalhas espirituais

Versículo

Efésios 6:12: "Pois a nossa luta não é contra seres humanos, mas contra os poderes e autoridades, contra os dominadores deste mundo de trevas, contra as forças espirituais do mal nas regiões celestiais."

Frequentemente, nos deparamos com obstáculos na vida que aparentam ser temporários, no entanto, quase sempre existem lutas espirituais por trás dessas circunstâncias. A Bíblia nos mostra que não lutamos contra seres humanos, mas sim contra poderes espirituais presentes no mundo. Identificar essas confrontações é essencial para aprender a combater de forma eficiente.

Quando percebemos que estamos em um combate espiritual, somos impelidos a adquirir armas espirituais. A oração, a Bíblia, a crença e a retidão se transformam em nossos instrumentos de luta. Quando confiamos em Deus, somos capacitados para vencer o inimigo e manter a fé, mesmo sem forças próprias para as batalhas.

Reconhecer as lutas espirituais também nos auxilia a distinguir os ataques do adversário. Ele procura desmotivar, separar e distanciar-nos de Deus. Entretanto, ao estarmos conscientes de suas estratégias, podemos orar de maneira mais específica, buscando a proteção e orientação divina em momentos difíceis. A oração vira nossa proteção, e a Bíblia, nossa arma.

Imagine a batalha espiritual como um conflito invisível que se desenrola ao seu redor. Embora os inimigos não sejam visíveis, lembre-se de que Deus já os derrotou. Ao orar, você está se equipando com a armadura de Deus e se preparando para alcançar a vitória. Que você permaneça vigilante e pronto, confiando na guarda e na força do Senhor.

Dia 04

A oração como estratégia de guerra

Versículo

2 Coríntios 10:4: "As armas com as quais lutamos não são humanas; ao contrário, são poderosas em Deus para destruir fortalezas."

A comunicação com Deus não se resume apenas a uma conversa, mas é uma tática de batalha espiritual. Quando rezamos, estamos solicitando a intervenção de Deus em nossa vida e na vida daqueles que estão em nossas preces. Os recursos espirituais concedidos por Deus, como a oração, possuem grande poder para destruir fortalezas e triunfar em confrontos difíceis.

Utilizar a oração como tática em tempos de batalha implica que não enfrentamos os obstáculos da vida de forma solitária. Toda vez que nos ajoelhamos para orar, estamos demonstrando que confiamos em Deus e o convidamos para lutar por nós. A oração nos dá acesso ao poder sobrenatural de Deus, que pode fazer além do que pedimos ou imaginamos.

Essa estratégia também nos incentiva a ser intencionais em nossas orações. É necessário descobrir os locais onde o inimigo está tentando nos atingir e, em seguida, fazer orações direcionadas para proteção, discernimento e triunfo. Ao agir assim, estamos sintonizando nossas atitudes com o desejo divino, permitindo que Ele seja o guia na luta.

Considere a oração como um mapa de batalha que Deus lhe dá. Cada marca no mapa simboliza um setor da sua vida onde Deus quer te conceder sucesso. Ao seguir essa orientação em oração, você está caminhando em direção ao triunfo que Deus já planejou para você. Empregue essa tática militar com confiança, pois Deus está ao seu lado.

Dia 05

Motivação para ter fé e perseverança

Versículo

Hebreus 10:36: "Vocês precisam perseverar, de modo que, quando tiverem feito a vontade de Deus, recebam o que ele prometeu."

Fé e perseverança constituem pilares fundamentais da virtude cristã, como sublinha o autor sacro na epístola aos Hebreus, 10:36: "Porque necessitais de perseverança, para que, depois de haverdes feito a vontade de Deus, possais alcançar a promessa." As Sagradas Escrituras nos convocam a sustentar a fé com tenacidade, mesmo quando a vida nos submete às mais severas provações.

Uma fé inabalável no Altíssimo fomenta essa perseverança, que transcende uma mera disposição mental. A fé confere-nos a fortaleza necessária para transpor os percalços da existência e alcançar as promessas eternas. Trilhamos o caminho divino imbuídos da certeza de que o Senhor nos reserva algo grandioso, o que nos impulsiona rumo à bem-aventurança prometida.

Nas adversidades, manifestamos o poder transformador da fé. Nossa devoção resplandece na superação dos obstáculos e na manutenção da esperança mesmo nos mais escuros invernos da alma. Perseverar nos momentos em que tudo parece desmoronar é testemunho eloquente, tanto a nós mesmos quanto aos outros, da confiança inabalável que depositamos em Deus e em Suas promessas.

Portanto, exorto os leitores a persistirem nas dificuldades. Lembremo-nos sempre de que o sofrimento depura e fortalece a fé. Cada adversidade carrega consigo um dom oculto, permitindo-nos aprofundar nossa confiança e dependência no Senhor. Sigamos firmes no cumprimento do propósito divino e confiem que Suas promessas se cumprirão. Nossa jornada espiritual será uma gloriosa sinfonia de amor indestrutível e fé no Deus que jamais nos desampara.

Dia 06

A armadura de Deus na oração

Versículo

Efésios 6:13: "Por isso, vistam toda a armadura de Deus, para que possam resistir no dia mau e permanecer inabaláveis, depois de terem feito tudo."

A oração e a armadura de Deus são praticadas juntas na vida cristã. Paulo nos ensina a colocar toda a armadura de Deus para conseguirmos enfrentar no dia maligno. Todas as partes dessa armadura, como o cinto da verdade, a couraça da justiça, o escudo da fé, o capacete da salvação, a espada do Espírito e as sandálias do evangelho da paz, são fundamentais para garantir nossa proteção e sucesso em confrontos espirituais.

Ao orarmos, nos preparamos para lidar com os desafios espirituais que surgem em nossa jornada, usando a armadura mencionada. A oração é como ativamos cada parte da armadura, assegurando-nos de que estamos protegidos e preparados para resistir aos ataques do inimigo. Sem a prática da oração, nossa proteção estaria em falta e nossa segurança comprometida.

Colocar a armadura de Deus em oração nos dá a segurança de que estamos preparados para enfrentar qualquer desafio. A verdade nos dá firmeza, a justiça resguarda o coração, a fé extingue os dardos incendiários, a salvação protege a mente, a Palavra de Deus é nossa arma de ataque, e o evangelho da paz nos orienta em cada passo. Com este equipamento, estamos prontos para batalhar e obter vitória.

Visualize a armadura de Deus como um escudo que protege completamente todo o seu corpo. A cada frase, você ajusta essa armadura, assegurando que nenhum aspecto de você fique vulnerável ao ataque adversário. Que todos os dias você se revista dessa armadura, por meio da oração, e permaneça firme em todas as lutas espirituais.

Dia 07

Vencendo a tentação através da oração

Versículo

Mateus 26:41: "Vigiem e orem para que não caiam em tentação. O espírito está pronto, mas a carne é fraca."

A tentação é algo presente na vida de todos os cristãos, e Jesus indica que a forma mais eficaz de superá-la é por meio da vigilância e da oração. A vontade de Deus é sempre prontamente aceita pelo espírito, porém a carne é fraca e vulnerável às influências do mundo e do inimigo. Desta forma, a oração se torna algo essencial para combater as tentações que nos rodeiam.

Orar para superar a tentação envolve identificar nossas fraquezas e procurar o poder de Deus para nos mantermos firmes. Quando mantemos uma conexão constante com Deus, nossas mentes e corações são fortalecidos, e somos capacitados a perceber as artimanhas do inimigo. A prece nos mantém atentos e receptivos à orientação do Espírito Santo, que nos conduz por caminhos justos.

Jesus nos mostra como superar a tentação por meio da oração, sendo nosso modelo perfeito. No deserto, ele resistiu e superou as provações de Satanás, não por sua própria capacidade, mas através da Palavra de Deus e da ligação com o Pai. Igualmente, devemos nos equipar com a oração e a Palavra para enfrentar o inimigo e sair vitoriosos.

Pense na tentação como uma tempestade que tenta te tirar do caminho. A prece é o guia que te orienta no caminho correto, iluminando a jornada e te auxiliando a navegar com segurança. Permaneça em constante vigília e oração, confiando que Deus concederá a você a força necessária para superar qualquer tentação que aparecer em seu caminho.

Dia 08

A oração e restauração familiar

Versículo

Joel 2:25: "Vou compensá-los pelos anos de colheitas que os gafanhotos destruíram."

A capacidade da oração de recuperar o que foi perdido, incluindo laços familiares abalados por desentendimentos, ressentimentos e distanciamentos. Deus é um Deus que restaura e promete recuperar os anos perdidos devido às adversidades da vida. Quando pedimos a Deus pela cura de nossa família, estamos confiando a ele aquilo que não conseguimos resolver por nossos próprios meios.

O início da restauração da família envolve ter humildade e estar disposto a orar por aqueles que nos feriram ou com quem temos atrito. A oração possibilita o perdão, a reconciliação e a cura. Deus está trabalhando nos corações de todos os envolvidos, trazendo à tona o que precisa ser transformado e curado. Quando apresentada a Deus em oração, nenhuma situação é impossível de ser revertida.

Além de reestabelecer os laços, a oração fortalece os relacionamentos familiares, gerando um ambiente de amor, respeito e compreensão. Quando nós, como família, fazemos nossas orações em conjunto, estamos convidando Deus para ser o foco principal em nossas vidas, e ele nos orienta em cada escolha e obstáculo. A oração fortalece a família, tornando-a uma fortaleza diante das dificuldades.

Visualize sua família como uma residência que, com o passar dos anos, foi prejudicada de alguma forma. A oração funciona como um mestre construtor celestial que chega e começa a reparar cada parte prejudicada, tornando a casa mais resistente e atraente do que anteriormente. Peça a Deus para abençoar e proteger sua família, acreditando em sua capacidade de mudar e renovar qualquer circunstância, não importando quão desafiadora seja.

Dia 09

Construindo um plano de oração

Versículo

Provérbios 16:3: "Consagre ao Senhor tudo o que você faz, e os seus planos serão bem-sucedidos."

Ter um plano de oração é uma poderosa ajuda para mantermos consistência e foco em nossa vida de oração. Ter um plano estratégico é fundamental para obter sucesso em qualquer tipo de batalha. Ao elaborarmos um plano de oração, estamos estruturando nossas preces de maneira deliberada, assegurando que estamos abrangendo todos os aspectos essenciais de nossa vida e intercedendo pelos que nos cercam.

Iniciar a elaboração de um plano de oração envolve identificar as áreas em que se necessita mais da intervenção de Deus. Pode ser por causa de sua família, trabalho, amigos passando por desafios ou batalhas espirituais pessoais. Em seguida, coloque essas frases em uma programação diária, semanal ou mensal, para garantir que nada seja deixado de lado ou ignorado.

Ter um plano de oração também auxilia na nossa persistência. É mais simples reconhecer as respostas de Deus ao longo do tempo quando temos clareza sobre o que estamos pedindo em nossas orações e mantemos um registro dessas petições. Isso reforça nossa fé e nos motiva a persistir na oração, mesmo diante de possíveis atrasos nas respostas.

Visualize seu plano de oração como um guia que te leva em direção ao propósito de Deus para sua vida. Cada frase é como um ponto no mapa, que te guia em direção ao propósito que Deus reservou para você. Construa e siga com empenho esse plano, pois Deus valoriza a oração organizada e constante.

Dia 10

A força do perdão em oração

Versículo

*Marcos 11:25: "E quando estiverem orando,
se tiverem alguma coisa contra alguém,
perdoem-no, para que também o Pai celestial
lhes perdoe os seus pecados."*

O perdão é fundamental para a oração ser eficaz. Jesus nos mostra que, quando oramos, devemos antes perdoar quem nos magoou, para que possamos ser perdoados por Deus. Perdoar não é somente obedecer a Deus; é uma forma de ser liberado espiritualmente para orar com sinceridade e receber as bênçãos divinas sem obstáculos.

Perdoar em oração envolve deixar de lado a mágoa, o rancor e o desejo de vingança, confiando a situação a Deus. Isso não é uma tarefa simples, porém é fundamental para que nossas preces tenham eficácia. Ao perdoarmos, estamos optando por confiar em Deus para trazer equilíbrio e recuperação, nos desprendendo do fardo que o ressentimento carrega.

O perdão na oração nos libera para orar com poder e autoridade. Quando não perdoamos, nosso coração se torna carregado e nossa ligação com Deus é cortada. Contudo, ao optarmos por perdoar, a comunicação entre nós e Deus se torna desimpedida e podemos orar com segurança, cientes de que Ele está nos ouvindo e responderá.

Considere o perdão como uma chave que destranca portas fechadas em seu caminho. Quando você decide perdoar, essas portas se abrem, permitindo que as bênçãos de Deus entrem e mudem sua vida. Use esta chave regularmente, principalmente durante a oração, e sinta a liberdade e o poder derivados do perdão.

Dia 11

Orando pela salvação dos entes queridos

Versículo

1 Timóteo 2:4: "Ele deseja que todos os homens sejam salvos e cheguem ao conhecimento da verdade."

Interceder pela salvação de nossos entes queridos é uma das intercessões mais cruciais que podemos realizar. Deus deseja que todos sejam salvos, e nos chama a participar desse desejo através da oração. Quando nos ajoelhamos pelo bem das pessoas queridas, estamos travando uma batalha espiritual por suas almas, confiando que Deus atenderá nossas preces.

Orar pela salvação é demonstrar um amor profundo e uma fé inabalável. Não importa quão longe uma pessoa possa parecer estar de Deus, sabemos que Ele ainda pode salvá-la. A constante e apaixonada prece pode romper obstáculos, desbloquear corações e guiar nossos entes queridos para a verdade e para um vínculo íntimo com Cristo.

Essa intercessão requer paciência e perseverança. Por vezes, pode demorar anos até testemunharmos os resultados das nossas preces. Entretanto, é necessário confiarmos que Deus está agindo nos corações de nossos familiares, mesmo quando não conseguimos enxergar. Devemos persistir em orar, sem perder a fé, e confiar no Senhor, que nunca falha.

Interceder pela salvação dos familiares é equivalente a semear em um terreno propício. Com paciência e dedicação, a semente irá germinar e se desenvolver, resultando em frutos, desde que haja constante cuidado e oração. Continue plantando essas orações com fé, confiando que Deus trará a colheita no momento certo.

Dia 12

Lutando pelo casamento com oração

Versículo:

Eclesiastes 4:12: "Um cordão de três dobras não se rompe com facilidade."

O matrimônio é uma conexão sagrada, criada por Deus, e, portanto, está sujeita a vários ataques do adversário. Entretanto, a oração é uma arma forte que tem o poder de proteger, fortalecer e restaurar o casamento. Ao orarmos juntos como um casal, estamos pedindo a presença de Deus como o terceiro elo em nosso relacionamento, fortalecendo-o e tornando-o indestrutível.

Lutar em oração pelo casamento envolve apresentar a Deus todas as questões, conflitos e desafios, buscando Sua intervenção e orientação. A oração traz união ao casal, estabelecendo um ambiente propício para a sinceridade, a exposição de fragilidades e o processo de cura. Em vez de serem separados pelas dificuldades, eles são unidos pela oração, compartilhando o propósito de Deus para suas vidas.

Adicionalmente, a prece pelo matrimônio consiste em rogar por bênçãos, proteção e orientação divina para o parceiro. Ao rezar por alguém, nossos sentimentos se voltam para o perdão, a compaixão e o amor sem limites. Da mesma forma que transforma as situações, Deus usa a oração para mudar nosso coração.

Lutar pela proteção do casamento através da oração é similar a erguer uma muralha em volta de sua casa, defendendo-a das tempestades que certamente surgirão. Com Deus como o centro, esta muralha se torna indestrutível, assegurando que o amor e a união permaneçam inabaláveis. Que você e seu parceiro construam seu casamento com base na oração, acreditando que Deus é quem fortalece cada parte dessa união.

Dia 13

Oração e libertação

Versículo

Salmo 34:17: "Os justos clamam, o Senhor os ouve e os livra de todas as suas tribulações."

A oração tem a capacidade de trazer liberdade para indivíduos aprisionados em situações de opressão, dependências ou qualquer outra forma de escravidão espiritual. Ao fazermos petições a Deus, Ele está atento e prontamente nos concede libertação e renovação. Independente da intensidade da escravidão, Deus tem o poder de libertar e restaurar.

A liberdade pela oração não se resume apenas a ser liberado de algo, mas também a ser liberado para algo - para viver a vida plena que Deus planejou para nós. Quando pedimos libertação em nossas orações, estamos solicitando a Deus que rompa as correntes que nos aprisionam e nos conduza em direção à liberdade que somente ele pode proporcionar. Essa sentença requer fé, confiança na soberania de Deus e disposição para obedecer à sua voz.

Além do mais, pedir por libertação é uma forma de batalha espiritual. Sabemos que nosso inimigo quer nos manter presos, no entanto, temos ciência de que Cristo já derrotou todas as forças malignas na crucificação. Nós expressamos nossa resistência através da oração, declarando nossa liberdade em Cristo e buscando sua orientação para vencer toda forma de opressão.

Imagine a oração por libertação como uma chave que desbloqueia portas fechadas, possibilitando a entrada da luz de Deus e a dispersão das trevas. Que você ore com confiança, reconhecendo que Deus é aquele que nos liberta, quebrando todas as correntes e nos conduz à verdadeira liberdade em Cristo.

Dia 14

Transformando amargura em oração

Versículo

Efésios 4:31-32: "Livrem-se de toda amargura, indignação e ira, gritaria e calúnia, bem como de toda maldade. Sejam bondosos e compassivos uns para com os outros, perdoando-se mutuamente, assim como Deus os perdoou em Cristo."

A amargura é uma raiz que, se não for tratada, pode envenenar nosso coração e nos afastar da graça de Deus. No entanto, Deus nos chama a transformar essa amargura em oração, entregando a ele nossas dores e mágoas para que ele possa nos curar. A oração é o antídoto para a amargura, pois nos conecta à fonte de todo amor e perdão.

Orar em vez de nutrir amargura significa escolher o caminho da cura. Em vez de permitir que o ressentimento cresça, levamos nossas feridas ao Senhor, pedindo que ele nos ajude a perdoar e a liberar toda mágoa. Isso não é fácil, mas é necessário para que possamos viver em paz e liberdade. Quando oramos, Deus começa a trabalhar em nosso coração, removendo as raízes da amargura e plantando sementes de amor e compaixão.

A transformação da amargura em oração também nos permite ver a situação do ponto de vista de Deus. Às vezes, a amargura surge porque nos sentimos injustiçados ou traídos, mas quando oramos, Deus nos dá a Sua perspectiva e nos ajuda a enxergar as coisas com os olhos da graça. Isso nos capacita a liberar perdão e a confiar que Deus é justo e está no controle de todas as coisas.

Transformar amargura em oração é como trocar um peso insuportável por asas que te levam à liberdade. O que antes te prendia ao chão, agora te eleva à presença de Deus, onde a paz e o perdão reinam. Que você escolha orar em vez de alimentar a amargura, e experimente a cura que só Deus pode proporcionar.

Dia 15

A persistência na oração

Versículo

Lucas 18:1: "Então Jesus contou aos seus discípulos uma parábola, para mostrar-lhes que eles deviam orar sempre e nunca desanimar."

A qualidade de persistir na oração é algo que Jesus nos encoraja a desenvolver. Ele nos incentiva a manter sempre nossas orações e nunca perder a esperança, mesmo que as respostas demorem a chegar. A persistência evidencia nossa fé em Deus e nossa convicção de que ele atenderá no momento adequado. A ideia não é apenas falar palavras vazias, mas persistir em buscar, pedir e bater à porta até que Deus responda.

Persistir na oração demonstra o quão importante é para nós a nossa ligação com Deus e o quão sérias são as nossas petições. Quando perseveramos, estamos demonstrando nossa confiança em Deus, mesmo diante de circunstâncias desafiadoras. Essa fé inquebrável é fundamental para desbloquear oportunidades aparentemente fechadas e testemunhar os milagres de Deus em nosso cotidiano.

Adicionalmente, a constância modela nossa personalidade e reforça nossa crença. Cada oração feita com persistência nos leva mais perto de Deus e nos auxilia a compreender sua vontade de forma mais clara. Por vezes, a resposta de Deus se manifesta através da mudança que ele opera em nós durante a oração, nos capacitando para aceitar Suas graças no momento oportuno.

Continuar fazendo orações é semelhante a um corredor de maratona que não desiste, mesmo estando exausto, consciente de que a meta está próxima. Cada movimento demonstra confiança na fidelidade de Deus e na certeza do cumprimento de suas promessas. Não pare de orar, acredite que Deus responderá no momento certo com Sua bondade.

Dia 16

Discernindo a vontade de Deus em oração

Versículo

Romanos 12:2: "Não se amoldem ao padrão deste mundo, mas transformem-se pela renovação da sua mente, para que sejam capazes de experimentar e comprovar a boa, agradável e perfeita vontade de Deus."

Uma das grandes vantagens da oração é a habilidade de perceber o desejo de Deus para nossa vida. Quando rezamos, renovamos nossa mente e coração alinhando-os aos pensamentos de Deus. Essa mudança nos torna capazes de entender o que ele deseja, o qual sempre é bom, agradável e perfeito. Conhecer a vontade de Deus nos orienta e dá propósito, nos conduzindo em todas nossas escolhas.

Entender a vontade de Deus requer não só fazer pedidos, mas também estar atento a sua voz. A oração não consiste em falar sozinho, mas em dialogar com Deus. Necessitamos estar prontos a calar nossa própria fala e abrir nossos ouvidos espirituais para escutar o que ele quer comunicar. Deus se comunica por meio de sua Palavra, do Espírito Santo e também pelas situações que nos cercam. Nossa função é permanecer vigilantes e preparados para seguir as instruções.

Além do mais, identificar a vontade de Deus nos auxilia a evitar as ciladas do inimigo e a tomar decisões que honram a Deus. Quando entendemos o desejo de Deus, conseguimos orar com maior precisão e segurança, cientes de que estamos em sintonia com suas vontades. Isso nos proporciona tranquilidade e confiança, mesmo diante das incertezas da vida.

Buscar a orientação divina através da oração é semelhante a calibrar uma bússola para encontrar o verdadeiro norte. Com a bússola calibrada, você tem total clareza do seu destino, sem se perder no percurso. Procure sempre a orientação de Deus em cada oração, deixando-o conduzir você em direção ao seu propósito ideal para sua vida.

Dia 17

A oração que derruba fortalezas

Versículo

2 Coríntios 10:4: "As armas com as quais lutamos não são humanas; ao contrário, são poderosas em Deus para destruir fortalezas."

Há setores em nossa vida que aparentam ser inacessíveis, como castelos erguidos pelo oponente com o intuito de nos manter prisioneiros. Contudo, a prece é uma ferramenta eficaz capaz de destruir tais obstáculos, proporcionando liberdade e sucesso. Essas barreiras podem ser pensamentos negativos, dependências, receios ou qualquer outro obstáculo que nos impeça de desfrutar da liberdade concedida por Deus.

Derrubar barreiras em oração envolve reconhecer os pontos onde o inimigo tem erguido fortalezas em nossa vida e pedir a intervenção de Deus para sermos libertos. A oração persistente e cheia de fé pode destruir tais estruturas, revelando as mentiras do inimigo e substituindo-as pela verdade de Deus. Ao orarmos, estamos proclamando que a magnitude do poder de Deus supera qualquer fortaleza presente em nossa vida.

Além do mais, é necessário ter perseverança para a oração que destrói fortalezas. Certas barreiras não se desfazem rapidamente; elas demandam oração constante e intensa. Contudo, à medida que continuamos persistindo em oração, as barreiras começam a desmoronar e o triunfo se mostra claro. Deus é leal em atender nossas preces e garantir nossa vitória sobre qualquer fortaleza que nosso inimigo tenha construído.

Visualize uma fortaleza sendo gradualmente destruída, bloco por bloco, enquanto você reza. Cada frase é um ataque que diminui a resistência do adversário, até que a fortaleza finalmente ceda. Peça a Deus com fé, tendo certeza de que em Cristo, você é vitorioso e que nenhum obstáculo pode se opor ao poder divino.

Dia 18

Orando por proteção espiritual

Versículo

Salmo 91:11: "Porque aos seus anjos ele dará ordens a seu respeito, para que o protejam em todos os seus caminhos."

A proteção espiritual é algo que todo cristão precisa sempre em sua vida. Sempre há um adversário observando, procurando formas de nos atacar e nos desviar da vontade de Deus. Contudo, por meio de sua misericórdia, Deus concede proteção divina a quem O procura em oração. Ao pedirmos proteção em nossas orações, estamos nos colocando sob a proteção de Deus, acreditando que ele enviará seus anjos para nos guardar.

Pregar por proteção espiritual é admitir nossa vulnerabilidade aos ataques do inimigo e buscar refúgio e segurança em Deus. A oração nos protege das artimanhas do diabo, nos sustentando de forma sólida e firme. Quando solicitamos proteção, estamos expressando que confiamos em Deus e em sua promessa de nos cuidar.

Adicionalmente, incluir na oração por proteção espiritual também significa incluir as pessoas próximas a nós - família, amigos, igreja. O adversário não ataca somente de maneira individual; ele busca provocar divisões e danos em nossas localidades. Ao pedirmos proteção para os outros em nossas orações, estamos contribuindo para a muralha protetora que Deus estabelece em nosso redor.

Orar pela proteção espiritual é equivalente a erguer um muro ao redor de sua casa, um muro protegido pelos anjos de Deus. Essa parede mantém o inimigo do lado de fora e oferece paz e segurança do lado de dentro. Peça constantemente por essa proteção, tendo em mente que Deus é o seu abrigo e suporte, prestes a ajudar em momentos difíceis.

Dia 19

A transformação pessoal através da oração

Versículo

Romanos 12:2: "Não se amoldem ao padrão deste mundo, mas transformem-se pela renovação da sua mente."

A oração não apenas altera as circunstâncias; também transforma nossa forma de ser. Quando nos achegamos a Deus em comunhão, ele começa a mudar nosso coração, nossa mente e nossa vida. Essa mudança é um processo sem interrupções, no qual somos formados à semelhança de Cristo e renovados em nossa mentalidade e comportamento. A prece nos guia para um local de entrega, onde consentimos com Deus agindo em nosso interior.

A mudança individual através da oração é iniciada por um anseio genuíno de se assemelhar mais a Jesus. Enquanto fazemos nossas orações, o Espírito Santo nos mostra partes de nossa vida que necessitam mudanças, e nos concede a graça de nos arrependermos e transformarmos. A oração nos distancia dos costumes terrenos e nos aproxima da vontade divina, transformando nosso pensamento e nos habilitando a viver de forma que agrada a ele.

Essa transformação também nos torna mais sensíveis à voz de Deus. Quanto mais nos dedicamos à oração, mais fortalecemos nosso relacionamento com Deus e ficamos mais sintonizados com sua vontade e pensamentos. A oração é por onde Deus nos presenteia com sua sabedoria, amor e poder, nos ajudando a seguir sua vontade perfeita.

Pense na oração como um escultor que, com paciência, esculpe um bloco de pedra até que se transforme em uma obra de arte deslumbrante. Em cada momento, Deus está moldando em você a semelhança de Cristo, tornando-o alguém que mostra sua glória. Permita que Deus te transforme em tudo o que ele te chamou para ser ao se entregar a esse processo.

Dia 20

Orando com expectativa

Versículo

Marcos 11:24: "Portanto, eu lhes digo: tudo o que vocês pedirem em oração, creiam que já o receberam, e assim sucederá."

Orar com fé implica orar confiantemente sabendo que Deus escuta e atende as nossas preces. Jesus nos ensina a ter fé ao orar, acreditando que já recebemos o que pedimos, mesmo sem ver a resposta. A confiança nessa fé é o que motiva Deus e possibilita a abertura de portas que, de outro modo, permaneceriam fechadas. Quando rezamos com esperança, estamos demonstrando nossa completa fé na bondade e na força de Deus.

Essa esperança não decorre de interesses egoístas, mas da confiança de que Deus cumpre as suas promessas e almeja o melhor para os seus filhos. Orar com esperança implica em permanecer atentos após a oração, aguardando para testemunhar a intervenção divina. Essa esperança nos mantém em comunhão com Deus, vigilantes em relação às suas ações e preparados para receber suas graças.

Adicionalmente, a oração com esperança nos leva a orar com mais intensidade e detalhes. Conhecemos a capacidade de Deus para realizar o impossível, por isso nos atrevemos a fazer pedidos grandiosos. A esperança nos encoraja a orar com confiança, pois acreditamos que nada é impossível para Deus. Ela nos encoraja a também expressar nossa gratidão a Deus antes mesmo de vermos resultados, pois acreditamos que ele já está agindo a nosso favor.

Orar com esperança é semelhante a semear uma semente e esperar com felicidade pela sua germinação. Mesmo sem ser visível de imediato, percebe-se que algo está se desenrolando abaixo da superfície. Que você ore com confiança, tendo a convicção de que Deus está no comando e que ele responderá no momento apropriado.

Dia 21

A oração que fortalece a fé

Versículo

Hebreus 11:1: "Ora, a fé é a certeza daquilo que esperamos e a prova das coisas que não vemos."

A prece é um dos métodos mais eficazes para fortalecer nossa fé. Quando fazemos orações, estamos fortalecendo nossa fé em Deus, mesmo que não consigamos ver as respostas de imediato. A oração alimenta a nossa fé ao declararmos nossa dependência de Deus e confiança em Suas promessas. Sempre que rezamos, estamos declarando nossa fé na capacidade de Deus de intervir em nossa vida.

Reforçar a fé por meio da oração envolve persistir, mesmo em situações difíceis. A fé é posta à prova não em tempos fáceis, mas sim nos momentos difíceis. É durante esses momentos que a oração nos fortalece, nos permitindo manter a fé, mesmo que ainda não tenhamos recebido a resposta. A oração nos ajuda a recordar as promessas de Deus e a manter o foco nele, ao invés das situações em que estamos.

Além do mais, a oração que aumenta a fé nos aproxima de Deus, possibilitando uma visão mais clara de Suas ações. Quando dedicamos tempo regularmente à oração, passamos a perceber tanto as pequenas quanto as grandes maneiras pelas quais Deus atende às nossas preces. Cada resposta de Deus, cada sinal de sua intervenção, aumenta nossa confiança e nos motiva a persistir na oração.

Considere a oração como uma ponte que te conduz do presente para onde a sua fé almeja. Enquanto você atravessa essa ponte, sua fé se fortalece e cresce, pois está avançando em direção à promessa de Deus. Certifique-se de orar continuamente, pois cada oração fortalece sua fé e te aproxima das bênçãos de Deus.

Dia 22

A paz que vem pela oração

Versículo

Filipenses 4:6-7: "Não andem ansiosos por coisa alguma, mas em tudo, pela oração e súplicas, e com ação de graças, apresentem seus pedidos a Deus. E a paz de Deus, que excede todo o entendimento, guardará o coração e a mente de vocês em Cristo Jesus."

A prece tem a capacidade de nos trazer uma tranquilidade que o mundo não consegue proporcionar. Quando enfrentamos preocupações e ansiedades, Deus nos chama a depositar todas as nossas cargas nele por meio da oração. Encontramos a paz que vai além do entendimento ao nos entregarmos a Deus, uma paz que não é influenciada pelas circunstâncias, mas sim pela presença divina em nossas vidas.

A paz obtida através da oração não é apenas uma sensação passageira, mas sim um estado de ser que nos protege e nos mantém seguros. Quando entregamos nossas preocupações a Deus, ele nos acalma, nos recordando que ele tem o controle de tudo. Essa tranquilidade protege nosso coração e mente, evitando que o medo e a ansiedade controlem nossos pensamentos e emoções.

Orar pela paz também muda nossa maneira de ver as coisas. Em vez de nos concentrarmos nos problemas, passamos a enxergar as situações a partir da perspectiva de Deus, que supera qualquer desafio que enfrentamos. Essa alteração de ponto de vista nos possibilita ter a tranquilidade de que Deus está atuando, mesmo quando não compreendemos plenamente o que está se desenrolando.

A tranquilidade resultante da oração é semelhante a um cobertor reconfortante que te envolve durante momentos difíceis. Apesar do vento e da chuva, você permanece protegido e seguro sob a guarda de Deus. Procure diariamente essa paz através da oração, confiando que Deus está cuidando de você e que a paz de Cristo é seu por herança.

Dia 23

Orando por um milagre

Versículo

Mateus 19:26: "Jesus olhou para eles e respondeu: 'Para o homem é impossível, mas para Deus todas as coisas são possíveis.'"

Fazer uma oração pedindo por um milagre demonstra fé ao reconhecer que, mesmo diante do que parece ser impossível, nada está além do poder de Deus. Milagres não são apenas uma coisa do passado, mas acontecem para aqueles que têm fé e oram com fé. Quando nos encontramos em circunstâncias difíceis, a oração se transforma em nossa maneira de se conectar diretamente com o Deus que faz o impossível acontecer.

É preciso ter total confiança em Deus ao pedir por um milagre, pois somente ele possui o poder de mudar qualquer circunstância. Isso significa que Deus nem sempre atenderá nossas expectativas, mas sempre agirá em nosso favor e para a sua glória. Quando solicitamos um milagre, estamos demonstrando nossa total confiança em Deus e em sua capacidade de agir de maneira extraordinária.

Além disso, solicitar milagres nos leva a alinhar nossos desejos com a vontade divina. Muitas vezes, a maior maravilha que experimentamos é a transformação do coração e da mente, conforme a vontade de Deus. Enquanto esperamos pelo milagre, Deus trabalha em nós, fortalecendo nossa fé e nos preparando para seu plano.

Pedir por um milagre em oração é comparável a acender uma vela em um ambiente escuro, acreditando que a luz de Deus iluminará o que é impossível. Faça uma solicitação a Deus com fé, confiando em seu poder para superar nossas expectativas, e tenha a certeza de que ele está sempre disponível para auxiliar aqueles que depositam confiança nele.

Dia 24

A oração secreta que muda destinos

Versículo

Marcos 11:24: "Portanto, eu lhes digo: Tudo o que vocês pedirem em oração, creiam que já o receberam, e assim lhes sucederá."

As orações feitas em segredo, longe dos olhos do mundo, são as que têm o poder de mudar destinos. Jesus nos ensina que devemos buscar o Pai em secreto, onde podemos derramar nosso coração sem distrações ou preocupações com o que os outros pensam. É nesse lugar secreto que Deus ouve e responde, movendo o invisível para realizar o impossível.

A oração secreta é um encontro íntimo com Deus, onde nossa verdadeira identidade como filhos de Deus é revelada e fortalecida. Nesses momentos, podemos ser completamente honestos com Deus, entregando a ele nossas alegrias, tristezas, dúvidas e esperanças. É ali que recebemos sabedoria, direção e conforto, e onde Deus começa a moldar nosso destino de acordo com sua vontade perfeita.

Além disso, a oração secreta nos ensina a depender totalmente de Deus. No secreto, não há lugar para exibições ou autojustificações; há apenas um coração que busca a Deus com sinceridade. E é nesse ambiente de humildade e honestidade que Deus opera grandes mudanças, tanto em nós quanto nas situações ao nosso redor.

Visualize a oração secreta como um jardim fechado, onde as sementes plantadas em silêncio florescem em belas e poderosas respostas. Que você faça desse lugar secreto uma parte essencial da sua vida, sabendo que as orações feitas em segredo têm o poder de transformar o mundo visível.

Dia 25

Resistindo ao inimigo em oração

Versículo

Tiago 4:7: "Portanto, submetam-se a Deus.
Resistam ao diabo, e ele fugirá de vocês."

A oração é uma arma poderosa para resistir ao inimigo. Tiago nos ensina que, ao nos submetermos a Deus e resistirmos ao diabo, ele fugirá de nós. Isso significa que a oração é mais do que apenas pedir bênçãos; é uma postura de resistência contra as forças espirituais do mal que tentam nos desviar do caminho de Deus. Quando oramos, estamos declarando nossa lealdade a Deus e rejeitando as tentações e mentiras do inimigo.

Resistir ao inimigo em oração envolve clamar pelo poder de Deus para nos proteger e nos fortalecer. Também significa usar a Palavra de Deus como espada, citando as Escrituras em nossas orações para combater as mentiras do diabo. Quando estamos enraizados na verdade de Deus, o inimigo não tem poder sobre nós, e nossas orações se tornam um escudo contra suas investidas.

Além disso, a oração nos mantém alertas e vigilantes, sensíveis às táticas do inimigo. Ao permanecer em oração, estamos sempre prontos para identificar e resistir às armadilhas que ele coloca em nosso caminho. Essa vigilância nos capacita a andar em vitória, sabendo que Deus nos dá a força para resistir e permanecer firmes na fé.

Resistir ao inimigo em oração é como erguer um escudo que repele todos os dardos inflamados que são lançados contra você. A cada oração, você se torna mais forte, mais confiante na proteção de Deus, e mais capaz de viver em liberdade. Que você ore com autoridade, sabendo que, em Cristo, você já tem a vitória.

Dia 26

A unidade no casamento através da oração

Versículo

Mateus 18:19: "Também lhes digo que, se dois de vocês concordarem na terra em qualquer assunto sobre o qual pedirem, isso lhes será feito por meu Pai que está nos céus."

A oração conjunta no casamento é uma das formas mais poderosas de construir e manter a unidade entre marido e mulher. Jesus nos promete que, quando dois ou mais concordam em oração, Deus responde. Essa promessa é especialmente forte no contexto do casamento, onde a unidade é essencial para enfrentar os desafios da vida juntos.

Quando um casal ora junto, eles estão declarando sua dependência de Deus e sua confiança de que ele é o centro de sua união. A oração cria um espaço onde ambos podem compartilhar suas preocupações, desejos e agradecimentos, convidando Deus a estar presente em cada aspecto de sua vida conjugal. Esse hábito fortalece a comunicação, aumenta a intimidade espiritual e une o casal em um propósito comum.

A unidade no casamento através da oração também ajuda a resolver conflitos e a trazer clareza nas decisões difíceis. Quando um casal se une em oração, eles estão buscando a vontade de Deus juntos, o que ajuda a alinhar seus corações e mentes com os planos de Deus. Isso cria um ambiente de paz e entendimento, onde o amor de Deus pode fluir livremente.

Orar juntos no casamento é como tecer uma corda com muitas fibras – quanto mais orações, mais forte é a corda que une o casal. Que você e seu cônjuge façam da oração um pilar em seu relacionamento, confiando que Deus é capaz de fazer infinitamente mais do que vocês pedirem ou pensarem, através da unidade em Cristo.

Dia 27

Orando pelas próximas gerações

Versículo

Salmo 78:4: "Contaremos à próxima geração os louváveis feitos do Senhor, o seu poder e as maravilhas que fez."

Orar pelas futuras gerações é demonstrar fé que vai além do momento atual e se estende para o amanhã. O chamado de Deus é para ensinarmos e orarmos pelas futuras gerações, a fim de que elas possam conhecer suas obras e seguir seus caminhos. Ao orarmospor nossos filhos, netos e futuras gerações, estamos plantando numa área que renderá frutos para sempre.

Estas frases são uma herança espiritual que deixamos para as gerações futuras. Cada frase é como uma semente implantada no coração das futuras gerações, que crescerá e florescerá de acordo com a vontade de Deus. Interceder pelas gerações futuras implica em solicitar a proteção, orientação e capacitação de Deus para que possam viver para sua glória, mesmo diante de um mundo repleto de obstáculos.

Adicionalmente, fazer orações pelas futuras gerações nos proporciona uma perspectiva de longo prazo. Estamos atentos não só às urgências do momento, mas também com a expectativa do que Deus reserva para o futuro. Nossas preces podem afetar pessoas que nunca iremos conhecer, ainda assim serão impactadas pela bondade de Deus, devido às nossas súplicas.

Orar pelas gerações futuras é como cultivar uma árvore que você pode nunca aproveitar a sombra, mas que protegerá muitos adiante. Que você possa orar com fé e certeza, confiando que Deus é fiel para atender e que suas preces terão impacto nas vidas das gerações futuras.

Dia 28

A oração e o Arrependimento

Versículo

2 Crônicas 7:14: "Se o meu povo, que se chama pelo meu nome, se humilhar e orar, buscar a minha face e se afastar dos seus maus caminhos, dos céus o ouvirei, perdoarei o seu pecado e curarei a sua terra."

O remorso é uma das partes mais essenciais da oração. Deus nos convida a nos render, a admitir nossas falhas e a buscar sua presença com sinceridade. Quando realizamos essa ação, Ele garante que irá escutar, perdoar e restaurar. O remorso nos purifica, nos renova e nos recoloca no caminho correto com Deus. Através da oração de arrependimento, recebemos a misericórdia e graça de Deus em nossa vida.

A prece de arrependimento não consiste apenas em sentir remorso, mas em optar por seguir um caminho diferente. Ao admitirmos nossas falhas, reconhecemos nossa imperfeição diante de Deus e buscamos Sua transformação. Esta frase possibilita a cura e a restauração, tanto no âmbito pessoal como na comunidade em que vivemos.

O ato de nos arrepender também nos reconecta com Deus. O ato de pecar nos afasta de Deus, no entanto, quando nos arrependemos, somos reconciliados com ele. Quando pedimos perdão a Deus em nossas orações, ele nos acolhe com amor e nos oferece a oportunidade de recomeçar e seguir Sua orientação. Receber essa é uma das grandes bênçãos que podemos ter.

Considere o arrependimento como uma purificação profunda da alma. Da mesma forma que uma casa requer limpeza frequente para se manter saudável, o nosso coração também necessita de ser limpo regularmente por meio do arrependimento. Não hesite em se arrepender e orar, porque Deus é fiel em perdoar e restaurar.

Dia 29

A oração que traz clareza espiritual

Versículo

Tiago 1:5: "Se algum de vocês tem falta de sabedoria, peça-a a Deus, que a todos dá livremente, de boa vontade; e lhe será concedida."

Em tempos de confusão e incerteza, a oração é a chave para recebermos clareza espiritual. Tiago nos ensina que, se precisamos de sabedoria, devemos pedir a Deus, que dá generosamente a todos os que O buscam. A clareza espiritual nos ajuda a discernir a vontade de Deus e a tomar decisões que estejam alinhadas com seus propósitos. Quando oramos por sabedoria, estamos reconhecendo nossa dependência de Deus e nossa necessidade de sua direção.

A oração que traz clareza espiritual é uma oração de humildade. Reconhecemos que, por nós mesmos, somos limitados e incapazes de ver o quadro completo. Ao buscar a Deus em oração, pedimos que ele abra nossos olhos espirituais e nos mostre o caminho a seguir. Essa clareza nos permite enxergar além das circunstâncias imediatas e entender o plano maior de Deus para nossas vidas.

Além disso, a clareza espiritual que vem da oração nos protege de tomar decisões precipitadas ou de cair nas armadilhas do inimigo. Quando oramos e buscamos a direção de Deus, ele nos guia em segurança, evitando os perigos e nos levando a escolhas que trazem vida e paz. A oração nos dá a confiança de que estamos andando na luz e não nas trevas.

Buscar clareza espiritual em oração é como limpar uma janela embaçada. À medida que você ora, a visão se torna mais clara, e você pode ver o caminho à frente com mais nitidez. Que você ore continuamente por sabedoria e clareza, confiando que Deus guiará seus passos e iluminará seu caminho.

Dia 30

Lidando com a ira em oração

Versículo

Efésios 4:26: "Quando vocês ficarem irados, não pequem. Apaziguem a sua ira antes que o sol se ponha."

A ira é uma emoção poderosa que pode facilmente levar ao pecado se não for controlada. Deus nos instrui a lidar com a ira de maneira que não peque, e a oração é uma ferramenta essencial para isso. Quando levamos nossa ira a Deus em oração, estamos pedindo que ele nos ajude a controlar nossas emoções e a responder com sabedoria e graça. A oração nos acalma, nos ajuda a refletir e nos dá a força para perdoar e seguir em frente.

Lidar com a ira em oração significa reconhecer o que nos deixou irados e pedir a Deus que transforme nossos corações. A ira muitas vezes nasce de mágoas, frustrações e injustiças, e Deus entende essas emoções. Quando oramos, entregamos essas situações a ele, permitindo que ele nos cure e nos capacite a responder de maneira que glorifique a ele.

A oração também nos ajuda a ver a situação do ponto de vista de Deus. Muitas vezes, nossa ira é fruto de uma visão limitada e egoísta, mas quando oramos, Deus nos mostra a verdade e nos ajuda a ver a situação com seus olhos. Isso nos permite perdoar, reconciliar e agir com amor, em vez de deixar que a ira nos controle.

Lidar com a ira em oração é como apagar um fogo antes que ele cause danos. Cada oração é um balde de água sobre as chamas, trazendo paz e restabelecendo o controle. Que você nunca permita que a ira domine seu coração, mas que leve cada emoção a Deus em oração, encontrando nele a paz que excede todo o entendimento.

Dia 31

Orando por sabedoria em decisões

Versículo

Provérbios 3:5-6: "Confie no Senhor de todo o seu coração e não se apoie em seu próprio entendimento; reconheça o Senhor em todos os seus caminhos, e ele endireitará as suas veredas."

Fazer escolhas sábias é um dos obstáculos mais difíceis que precisamos superar, e é por essa razão que a oração pela sabedoria é tão crucial. Ao buscarmos a orientação de Deus em nossas orações, solicitamos que ele nos conduza e nos conceda clareza para tomarmos as melhores escolhas, aquelas que estejam de acordo com o seu desejo. Ter fé completa no Senhor envolve colocar nas mãos dele nossas preocupações, receios e inseguranças, confiando que ele nos guiará pelo caminho correto.

A oração pela sabedoria nos resguarda de agir impulsivamente ou guiados por sentimentos. Quando confiamos na orientação de Deus, podemos ter certeza de que ele nos conduzirá ao caminho certo, pois ele conhece todas as coisas em sua infinita sabedoria. Essa fé em Deus nos dá a capacidade de caminhar tranquilamente, cientes de que Ele governa tudo e que suas escolhas são sempre as mais acertadas.

Além do mais, ao pedirmos sabedoria em nossas orações, conseguimos evitar os equívocos que decorrem de confiar somente na nossa própria compreensão. Nossa visão é restrita, porém Deus enxerga a imagem completa. Quando buscamos a sua direção, evitamos os caminhos que nos levariam à ruína e optamos pelos caminhos que nos levam à vida e à benção.

Orar por orientação em escolhas é equivalente a ter o auxílio de um mentor habilidoso ao navegar por um local desconhecido. Você não precisa estar ciente de todos os detalhes da viagem, pois confia que o guia está familiarizado com o percurso. Sempre procure a orientação de Deus em suas orações, acreditando que ele guiará você para o melhor caminho.

Dia 32

A oração e a intervenção divina

Versículo

Salmo 46:1: "Deus é o nosso refúgio e a nossa fortaleza, auxílio sempre presente na adversidade."

A ação sobrenatural de Deus se manifesta quando buscamos Sua intercessão por meio de orações fervorosas, depositando total confiança em seu poder para agir em nosso cotidiano. Em situações difíceis, quando todas as esperanças parecem perdidas, é na oração que buscamos abrigo e coragem. Quando precisamos de ajuda, Deus está sempre ao nosso lado e age de forma inexplicável quando pedimos por sua intervenção.

A interferência divina não é algo que tenhamos controle ou antecipação, mas é uma demonstração do amor e da força de Deus em atendimento às nossas petições. Por vezes, ele age de maneira instantânea e miraculosa; em outras ocasiões, sua ação ocorre por meio de processos que nos modelam e fortalecem. A certeza de que Deus está ao nosso lado e agindo a nosso favor é o mais importante, independentemente da situação.

Buscar ajuda divina por meio da oração é um gesto de fé que admite nossa limitação em resolver determinadas situações autonomamente. Ao entregarmos nossos desafios a Deus em oração, estamos solicitando que ele realize o inimaginável, intervenha no que não conseguimos modificar e nos apresente soluções além de nossa capacidade. E o Senhor, em sua fidelidade, atende, trazendo alívio, paz e vitória.

Considere a intervenção divina como uma ponte que Deus ergue sobre um abismo que você não consegue atravessar por conta própria. Enquanto você ora, Deus constrói um caminho seguro onde antes existia perigo e incerteza, colocando uma pedra sobre a outra. Que você ore com fé, reconhecendo que Deus é seu abrigo seguro e sua força, pronto para agir em seu favor a qualquer momento.

Dia 33

Orando com um coração grato

Versículo

1 Tessalonicenses 5:18: "Deem graças em todas as circunstâncias, pois esta é a vontade de Deus para vocês em Cristo Jesus."

A gratidão é um dos componentes mais poderosos da oração. Quando oramos com um coração grato, estamos reconhecendo a bondade de Deus em todas as circunstâncias, independentemente do que estamos enfrentando. A gratidão transforma nossa perspectiva, nos permitindo ver além dos desafios e focar nas bênçãos que Deus derramou sobre nós.

Orar com gratidão é mais do que apenas dizer "obrigado" a Deus; é uma postura de coração que reconhece que tudo o que temos vem dele. Mesmo em meio às dificuldades, podemos encontrar razões para ser gratos – pela vida, pela salvação, pela presença constante de Deus em nossas vidas. Essa atitude de gratidão abre portas para mais bênçãos, pois Deus se agrada de um coração grato.

A gratidão em oração também nos ajuda a manter o foco em Deus e não nas circunstâncias. Quando começamos nossas orações agradecendo a Deus por quem ele é e pelo que ele já fez, nossa fé é fortalecida e somos capacitados a confiar em sua fidelidade para o futuro. A gratidão nos mantém conectados a Deus e nos lembra de que ele é bom em todos os momentos.

Orar com um coração grato é como regar uma planta que floresce e se enche de vida. Cada expressão de gratidão faz com que nossa vida espiritual cresça e se fortaleça, trazendo alegria e paz. Que você sempre se lembre de dar graças a Deus, em todas as circunstâncias, sabendo que a gratidão é a chave para um coração cheio de paz.

Dia 34

Fortalecendo a comunhão com Deus em oração

Versículo

Tiago 4:8: "Aproximem-se de Deus, e ele se aproximará de vocês."

A comunhão com Deus é a base de uma vida de oração eficaz. Quanto mais nos aproximamos de Deus em oração, mais sentimos sua presença e somos transformados por ela. Tiago nos ensina que, quando nos aproximamos de Deus, ele se aproxima de nós, criando uma intimidade que nos sustenta em todas as áreas da vida. A oração é o meio pelo qual essa comunhão é fortalecida e aprofundada.

Fortalecer a comunhão com Deus em oração requer tempo, dedicação e sinceridade. Não se trata apenas de recitar palavras, mas de abrir nosso coração a Deus, compartilhando nossas alegrias, preocupações, e buscando Sua direção. Quando oramos com sinceridade, Deus nos encontra onde estamos, nos conforta, nos guia e nos capacita a viver de acordo com sua vontade.

Essa comunhão nos dá força para enfrentar as dificuldades da vida, pois sabemos que não estamos sozinhos. Deus está conosco, e sua presença nos dá paz, sabedoria e coragem. Quanto mais cultivamos essa comunhão, mais nos tornamos sensíveis à voz de Deus, capazes de discernir sua vontade e de seguir suas orientações.

Aproximar-se de Deus em oração é como acender uma lareira em um dia frio – sua presença aquece, ilumina e traz conforto à alma. Que você faça da oração uma prática diária, fortalecendo sua comunhão com Deus e experimentando a profundidade do Seu amor e cuidado em sua vida.

Dia 35

A oração e a resolução de conflitos

Versículo:

Mateus 5:9: "Bem-aventurados os pacificadores, pois serão chamados filhos de Deus."

Os desentendimentos são uma parte integrante da existência, mas como seguidores de Cristo, devemos buscar a paz. Orar é uma forma eficaz de resolver conflitos, pois proporciona a capacidade de lidar com as situações de maneira sábia, humilde e amorosa. Ao orarmos antes de lidar com um conflito, solicitamos a Deus para nos conceder a tranquilidade, a compreensão e a orientação requeridas para agir conforme sua vontade.

A oração nos equipa para lidar com conflitos de forma que honre a Deus. Ela tranquiliza-nos, torna-nos pacientes e permite-nos enxergar a situação sob a perspectiva alheia. Quando oramos, confiamos nossos sentimentos a Deus e buscamos sua ajuda para lidar com situações de forma graciosa e sincera, sem ceder à raiva ou ao ressentimento. A oração serve para nos ajudar na busca pela reconciliação, ao invés de nos fixarmos em nossas próprias justificativas.

Adicionalmente, a oração nos dá a capacidade de perdoar e de pedir perdão. Em diversos momentos de desentendimento, a arrogância pode ser um obstáculo para a reconciliação. Contudo, durante a nossa oração, Deus revela a necessidade de perdoar e ser humilde, além de nos capacitar a tomar a iniciativa de buscar a reconciliação. A oração nos muda, possibilitando que nos tornemos agentes de paz em um mundo repleto de conflitos.

Solucionar disputas por meio da oração é comparável a desembaçar um espelho - subitamente, a visão se torna nítida e conseguimos enxergar o reflexo de Deus em nossas atitudes. Que você utilize a oração como uma ferramenta para abrir oportunidades de reconciliação e harmonia, se tornando um autêntico promotor da paz, demonstrando o amor de Deus em todos os seus relacionamentos.

Dia 36

A oração para resistir às provações

Versículo

Tiago 1:12: "Feliz é o homem que persevera na provação, porque depois de aprovado receberá a coroa da vida, que Deus prometeu aos que o amam."

As provações fazem parte da jornada cristã, mas Deus nos dá a força para resistir a elas através da oração. Tiago nos lembra que aqueles que perseveram nas provações serão recompensados, e a oração é o meio pelo qual encontramos essa perseverança. Quando nos deparamos com dificuldades, é na oração que encontramos refúgio, força e direção para continuar firmes, confiando nas promessas de Deus.

Resistir às provações em oração significa levar nossas lutas a Deus, pedindo que ele nos sustente e nos dê sabedoria para enfrentar cada desafio. A oração nos lembra de que não estamos sozinhos – Deus está conosco, caminhando ao nosso lado e nos capacitando a superar qualquer obstáculo. A oração nos fortalece, nos encoraja e nos dá a perspectiva correta para ver as provações como oportunidades de crescimento espiritual.

Além disso, a oração durante as provações nos mantém conectados à esperança em Deus. Mesmo quando a situação parece desesperadora, a oração nos permite enxergar além das circunstâncias e focar nas promessas de Deus. Essa esperança nos dá a força para perseverar, sabendo que Deus está trabalhando em todas as coisas para o nosso bem.

Orar durante as provações é como segurar firmemente uma âncora durante uma tempestade. A âncora nos mantém estáveis, mesmo quando os ventos sopram forte. Que você se apegue à oração em tempos de provação, confiando que Deus te sustentará e te levará à vitória.

Dia 37

A influência da oração na vida dos filhos

Versículo

Provérbios 22:6: "Eduque a criança no caminho em que deve andar, e até o fim da vida não se desviará dele."

A oração dos pais tem um impacto profundo na vida dos filhos. Desde o momento em que eles nascem, até a fase adulta, orar pelos filhos é uma forma de moldar seu caráter, proteger seu futuro e guiá-los no caminho certo. A oração é uma ferramenta que Deus nos dá para interceder por nossos filhos, pedindo que ele os guie, proteja e abençoe em todas as áreas de suas vidas.

Orar pelos filhos é um ato de amor e fé, reconhecendo que, embora façamos o nosso melhor como pais, é Deus quem verdadeiramente os guarda e os guia. Através da oração, entregamos a Deus suas vidas, confiando que ele completará a boa obra que começou neles. A oração nos dá paz, sabendo que, mesmo quando não podemos estar presentes, Deus está sempre cuidando deles.

Além disso, a oração nos ajuda a discernir as necessidades e desafios específicos de cada filho. Cada criança é única, e Deus nos dá sabedoria através da oração para entender como melhor orientar e apoiar nossos filhos em suas jornadas. A oração nos aproxima de nossos filhos e de Deus, criando um vínculo espiritual que fortalece a família como um todo.

Visualize a oração pelos filhos como uma cerca de proteção ao redor deles, guardando-os de perigos e guiando-os em segurança. Que você ore continuamente por seus filhos, confiando que Deus está trabalhando em suas vidas e que suas mãos os estão moldando para um futuro cheio de propósito e bênçãos.

Dia 38

Orando pela cura interior

Versículo

Salmo 147:3: "Ele cura os que têm o coração quebrantado e cuida das suas feridas."

A cura interior é um processo profundo que muitas vezes requer mais do que apenas tempo – requer a intervenção amorosa de Deus através da oração. Quando nossas emoções e corações estão feridos, é a oração que nos leva ao curador divino, que conhece cada uma de nossas dores e está pronto para nos restaurar. Deus é aquele que cura os corações quebrantados e cuida das nossas feridas com ternura e compaixão.

Orar pela cura interior significa abrir nosso coração a Deus, confessando nossas dores, mágoas e traumas. É um ato de confiança, onde permitimos que Deus entre nas áreas mais profundas e ocultas do nosso ser, trazendo sua luz e cura. A oração nos permite liberar o que nos prende e receber o conforto e a paz que só Deus pode oferecer.

Essa cura não acontece de uma vez, mas a oração nos sustenta ao longo do processo. Cada vez que oramos, Deus trabalha em nosso coração, removendo as cicatrizes do passado e nos dando um novo começo. Ele restaura nossa alma, nos dá uma nova perspectiva e nos capacita a viver com alegria e esperança, mesmo depois de grandes perdas ou decepções.

Imagine a cura interior através da oração como um bálsamo suave sendo aplicado em uma ferida aberta. A cada oração, a dor diminui e a cura começa a florescer. Que você busque a Deus para sua cura interior, confiando que ele é fiel para restaurar todas as áreas quebradas do seu coração.

Dia 39

Vencendo a ansiedade com oração

Versículo

1 Pedro 5:7: "Lancem sobre ele toda a sua ansiedade, porque ele tem cuidado de vocês."

A ansiedade é um desafio comum, mas Deus nos encoraja a confiar Nele e entregar nossas preocupações através da oração. Quando nos sentimos sobrecarregados pelas preocupações da vida, a oração é a forma pela qual conseguimos encontrar alívio e tranquilidade. Deus está atento a nós, e ele nos pede para depositar toda a ansiedade Nele, confiando em Sua proteção.

Rezar para superar a ansiedade não se resume a pedir a Deus que a retire - é uma demonstração de fé, onde confiamos nossas preocupações e medos a ele, cientes de que ele pode cuidar de cada aspecto de nossas vidas. A prece nos recorda que Deus governa e que não estamos sozinhos em lidar com nossas preocupações.

Além disso, a oração nos ajuda a trocar a ansiedade pela paz. Quando nos concentramos em Deus e nas promessas Dele, em vez de nas nossas preocupações, sentimos uma paz que vai além da compreensão. Essa serenidade protege nosso coração e mente, evitando que a inquietação controle nossos pensamentos e sentimentos.

Superar a ansiedade através da oração é equivalente a substituir um peso pesado por um fardo suave e leve. Sempre que você faz uma oração, você confia um pouco mais de sua preocupação a Deus e, em troca, recebe a paz que somente ele pode proporcionar. Faça da oração sua primeira reação à ansiedade, crendo que Deus está sempre zelando por você.

Dia 40

A vitória final pela oração

Versículo

1 Coríntios 15:57: "Mas graças a Deus, que nos dá a vitória por meio de nosso Senhor Jesus Cristo."

A oração nos conduz à vitória final, não apenas nas batalhas diárias, mas na nossa jornada eterna com Deus. Jesus Cristo já conquistou a vitória por nós, e é através da oração que nos apropriamos dessa vitória em nossa vida. Cada oração é um passo em direção à vitória que Deus já garantiu para nós, uma vitória que se manifesta em todas as áreas de nossa vida.

Orar pela vitória final é reconhecer que, em Cristo, já somos mais que vencedores. Não importa o que enfrentemos – doenças, lutas espirituais, desafios pessoais – sabemos que, em Cristo, temos a vitória. A oração nos lembra dessa verdade, nos dá força para perseverar e nos mantém firmes na fé, mesmo quando as circunstâncias parecem desfavoráveis.

Essa vitória não é apenas terrena, mas eterna. A oração nos conecta com a realidade celestial, onde Cristo reina soberano e onde nossa vitória é garantida. A cada oração, nos aproximamos mais dessa vitória final, vivendo com a certeza de que, em Cristo, já vencemos.

Visualize a vitória final pela oração como um troféu já conquistado e guardado para você. Cada oração te aproxima um pouco mais desse troféu, fortalecendo sua fé e te lembrando que a vitória em Cristo é certa. Que você ore com confiança e gratidão, sabendo que Deus já te deu a vitória por meio de Jesus Cristo.